Gefühle und Gedanken
in Versen verpackt

Juergen von Rehberg

Gefühle und Gedanken
in Versen verpackt

40 Portionen Gereimtes

Bibliografische Information der Deutschen National-bibliothek:
Die Deutsche Nationalbibliothek verzeichnet diese Publikation in der Deutschen Nationalbibliografie; detaillierte bibliografische Daten sind im Internet über http://dnb.dnb.de abrufbar.

Verlag: BoD · Books on Demand GmbH, Überseering 33, 22297 Hamburg, bod@bod.de
Druck: Libri Plureos GmbH, Friedensallee 273, 22763 Hamburg

ISBN: 978-3-7693-7844-3

Inhaltsverzeichnis

Der alte Indianer

Es sprach einst ein Indianer
von hagerer Gestalt:
„Es schmerzen mich die Baner*,
ich glaube, ich werd' alt."

Des Häuptlings schöne Tochter
sprach zu dem alten Mann:
„Ich weiß genau, Potschochter**,
was man da machen kann."

Da lächelt der Indianer:
„Ich dank' dir schöne Maid
im Namen meiner Baner,
weil sie das mächtig freut."

„Vom Skunk nimmst du die Drüsen
und schneidest sie ganz klein,
vermischt mit Krähenfüßen
reibst du dich damit ein.
Und sollte das nichts bringen,
dann hilft ganz sicher dies:
Von einem Felsen springen
und ab ins Paradies.“

Der Mann mit grauer Mähne,
ein Lächeln macht sich breit,
es blitzen seine Zähne,
sie sind nur noch zu zweit:

„Dank dir du scheues Reh,
du hast es gut gemeint,
der Adler schwingt sich weit empor,
der Ahnen Ruf dringt an mein Ohr,
ich bin schon bald, wenn ich jetzt geh,
mit Manitu vereint.“

So sprach der Herr Indianer
und sprang von Felsenhöh;
er brach sich alle Baner,
jetzt tun sie nicht mehr weh…

Dämmerung

Wenn ein neuer Tag ansetzt,
Vöglein singen Lieder;
Morgentau die Felder netzt,
legt die Nacht sich nieder.

Es vollzieht des Schöpfers Wille
sich vor unsrem Angesicht;
doch schon bald, da weicht die Stille,
und der Mensch bemerkt es nicht.

Geschäftige Betriebsamkeit,
lärmerfülltes Allerlei;
alles schnell, und keine Zeit,
bis der Tag vorbei.

Wenn der Tag im letzten Licht,
und die Dunkelheit erwacht;
zeigt die Dämm`rung ihr Gesicht,
führt uns in die Nacht.

Sie ist Mittler zwischen beiden,
weil sie trennt und auch vereint;
ach, ich mag von Herzen leiden
sie, die mir so friedvoll scheint.

Abendrot und Morgensonne,
wer sie je bewusst erlebt,
fühlt im Herzen eine Wonne,
die ihn sanft vom Boden hebt.

Heiß durchströmt sie uns mit Glück,
dringt tief in die Seele ein;
und für einen Augenblick
lässt sie uns voll Demut sein.

Café Feyerabend

Schwerlich will es mir nur glücken,
was ich fühl´ in diesem Raum,
schlicht in Worten auszudrücken...
ähnlich einem schönen Traum.

Hier, im Café Feyerabend,
wo das Schöne einfach stimmt,
wo sich Geist und Seele laben,
und die Zeit sich Zeit noch nimmt.

Dort, wo Sinne einverleiben,
was sich ihnen prächtig zeigt;
Lebenslust auf Fensterscheiben
und Kleinodien, fein verzweigt.

Menschen, die den Raum betreten,
ändern sich nach kurzer Zeit;
hört man ihnen zu beim Reden,
scheinen plötzlich sie befreit.

Wichtiges ist nicht mehr wichtig,
jede Eile, sie entflieht;
bisher Falsches ist nun richtig,
weil man alles anders sieht.

Ja, es ist der Flair des Raumes,
der sich auf die Seele legt;
wie die Blätter eines Baumes,
die vom Winde sacht bewegt.

Credo

Glücklich macht es mich, zu wissen,
dass es einen Herrgott gibt;
und ich möcht es nie mehr missen,
das Gefühl, dass er mich liebt.

Weiß ich nicht, wohin vor Sorgen,
hilft er mir aus meiner Not;
er nimmt mir die Angst vor "morgen"
und vor dem, was mich bedroht.

Ja, auf ihn will ich vertrauen,
furchtlos in die Zukunft schauen;
alles, was er mir beschert,
das hat Sinn und ist von Wert.

Vater, eines wünsch ich mir:
"Mach mir bitte zum Geschenk,
dass ich auch in guten Zeiten
dankbar bin und an dich denk!"

Der Furz

Es ist wohl auf der Welt so Sitte,
dass – ganz egal, wohin man sieht –
gelegentlich aus Leibesmitte
ein Unheil sich zusammen zieht.

Anfänglich klein und unbeengt,
wächst es heran, ganz sacht und stet;
bis es mit Macht nach draußen drängt,
und sich mit lautem Knall entlädt.

Zu Luthers Zeiten – ohn' Bedenken –
der Leib tat seine Botschaft kund;
je nach Bedarf, da konnt' man lenken
die Luft durch Hintern oder Mund.

Wer heute schmerzerfüllet stöhnet,
weil ihm der Leib mit Luft gefüllt,
der hält zurück, weil höchst verpönet
ein solch' Benehmen ist und gilt.

Ach ja, es ist fürwahr nicht leicht,
und es betrübt gar sehr den Sinn,
wenn so was durch die Gänge schleicht,
und man nicht weiß damit – wohin?

Man tut sich schwer ihn zu benennen,
es nennt ihn Putsch das kleine Kind;
die Damen der Gesellschaft kennen
ihn sinnverwirrend auch als „Wind".

Ich nenne ihn prägnant und kurz
aus vollem Herzen einfach „FURZ".

Der liebe Valentin

Heut ist der Tag des "Valentin",
an dem Geschäftsleut` ei, wie fein,
den Burschen und den Mägdelein
das Geld aus ihren Börsen ziehn...

Da schenkt man sich, wie wunderbar,
Pralinen, Rosen rot;
und ist `s auch teuer, lieber Gott -
es hält ja vor ein ganzes Jahr...

Am Muttertag man Gleiches tut,
wenn man die Mutter essen führt;
das graue Haupt zeigt sich gerührt -
drum macht man es, und fühlt sich gut...

Wenn für den liebsten Augenstern
das Herz in wahrer Liebe glüht,
dann ist man jeden Tag bemüht
um ihn - und zeigt `s auch gern...

Und dieses nicht aus jenem Grund,
der sichtbar am Kalender hängt,
und auch nicht, weil die Werbung drängt;
allein, man macht es deshalb kund,
weil man - wenn möglich - unentwegt
die Liebe achtet, hegt und pflegt.

Denn schnell verflüchtigt Liebesglück
sich luftig, leicht wie Feuers Rauch;
und selten nur kehrt er zurück -
des Herzens sanfter Liebeshauch...

Sommerheuriger in Gumpoldskirchen

Den Zauber eines schönen Traumes,
erlebte ich zur Sommerszeit;
unter dem Schatten eines Baumes,
umfing mich holde Weiblichkeit.

Zwei Frauen nahm ich den Arm,
o wonnevoller Freudentag;
so sehr ward mir `s ums Herze warm,
dass ich `s zu sagen kaum vermag.

Dazu ein Krug mit kühlem Wein,
ein Bratenstück, wohl recht gegart,
da sag ich Amen - so soll `s sein,
das nenn ich feine Lebensart.

Und Freya, unser treuer Schäfer,
lag uns zu Füßen – stets Habacht;
kein Tier ward jemals schöner, bräver,
hat stets viel Freude uns gemacht.

Sie ist schon lang von uns gegangen;
auch Sonja, die noch viel zu jung.
Wir sind an beiden sehr gehangen;
was bleibt – ist die Erinnerung.

Der Schnee

Verschieden ist er in der Form,
nicht typisiert und frei von Norm,
ich selber kenne dreierlei:
Da wär zunächst der Schnee vom Ei.
Man nimmt das Klar, schlägt es mit Macht,
bis eine Steifigkeit erbracht.
Hernach verwend man diesen Schnee
für Kuchen, Süßspeis' und Soufflee.

Als Zweites kommt mir in den Sinn
der Hirnzerstörer Heroin,
das manches geistesarm' Gemüt
sich gern mal durch die Nase zieht.
Dies Pulver nennt man auch, oje,
nur weil es weiß ist, gerne Schnee.

Der dritte ist in diesem Bunde,
ganz aktuell in aller Munde,
der Schnee, der grad vom Himmel fällt
und Alt und Jung wohl gleich gefällt.
Denn wenn es dicke Flocken schneit,
dann kündet uns dies Phänomen
die nicht mehr ferne Weihnachtszeit,
der freudig wir entgegen geh'n.

Heut sind es nur mehr Wochen vier,
dann steht das Christkind vor der Tür.
Ich wünsche drum für diese Zeit
den Menschen: "Macht die Herzen weit
und helft den Armen, die in Massen
aus Angst ihr Heimatland verlassen.

Bedenket, dass vor vielen Jahren
zwei Menschen auf der Flucht einst waren,
bevor sie in der Heil 'gen Nacht
ein Kindlein auf die Welt gebracht!"
So wünsch den Jungen ich, den Alten:
"Adveniat mög' Einzug halten!"

Bitte an den Frühling

Ach, man wünschte sich ein Ende
endlos langer Winterpracht;
dass der Frühling zu uns fände
und uns rundum glücklich macht...

Frühlingsdüfte, mild und fein,
streichen wohlig durch die Nase,
Frühlingsblumen, zart und klein,
auf der Wiese – in der Vase.

Und der Kuckuck in dem Wald
ruft in kräftiger Manier:
„Lieber Frühling, komme bald!
Dann freut sich Mensch, grad wie das Tier.

Die vier Jahreszeiten

Der Herbst

Nun ist er da, der Herbst – hurra!
Er färbt die ganzen Blätter bunt
und kürzt die Tage Stund-um-Stund,
so lang, bis ich Geburtstag hab...
Dann nehmen lange Nächte ab
und Tage wieder zu – juhu!

Auch der Herbst

Wie schon gesagt, nun ist er da,
der Herbst – nochmals hurra!
Der Herbst soll mir gepriesen sein,
frohlocket, juchzet laut!
Jetzt gibt es Sturm und neuen Wein,
und Gansl, Knödl, Kraut...
Vielleicht ein Schnapserl noch dazu,
da sagt der Magen laut: Juhu!

Immer noch der Herbst

Noch einmal sag ich nicht „Hurra!"
Der Herbst, nun ist er da!
Der Herbst beschert uns Nebelreißen,
es weht ein Hauch Melancholie;
die Bächlein manchmal schon vereisen,
es klemmt die Hüfte – schmerzt das Knie...
Doch wenn man es genauer nimmt:
Der nächste Frühling kommt bestimmt!
Hurra, hurra, hurra!!!

Nachtrag

Ich merkt erst jetzt beim Probelesen,
Hurra, und auch Juhu!
Ich hab die andren drei vergessen;
die kommen noch dazu:
Frühling, Sommer, Winter.
Kinder, Kinder, Kinder…

Entschuldigung!

Die Zeit

Es eilt der Mensch durch Zeit und Raum,
ist stets nach was bestrebt;
vor lauter Streben merkt er kaum,
wie schnell die Zeit vergeht.

Er nimmt sich wichtig, ist ja wer,
er sieht nicht die Gefahr;
nimmt manches leicht und vieles schwer,
und einiges nicht wahr.

Die Zeit den Menschen vor sich treibt,
auch keine Pausen kennt;
und wenn das Menschlein stehen bleibt,
die Zeit flugs weiter rennt.

Wo ist sie hin, fragt man sich dann,
was für ein Missgeschick;
sie bleibt nicht stehn, sie hält nicht an,
und kommt auch nicht zurück.

Die Zeit – welch eine Kostbarkeit,
drum Menschlein, nütze sie;
denk mit dem Herzen, sei gescheit,
und fülle sie mit schönen Dingen,
lass Deine Seele jauchzen, singen,
und denk, das Ende kommt so früh.

Sommers Klage

Sommer – du lässt uns verdrießen,
löst uns auf in unsrem Schweiß;
da heißt `s Tür und Fenster schließen -
draußen ist es viel zu heiß.

Wir durchleben „Hundetage",
so tut es der Volksmund kund;
solche Hitze, ohne Frage,
mag noch nicht einmal der Hund.

Lange wir ihn nicht mehr hatten,
einen Sommer dieser Art;
35 Grad im Schatten
öfter schon gemessen ward.

Ach, ich leide so unsäglich,
diese Tage sind ein Graus;
und ich gehe – wohl nicht täglich,
und wenn – nur bei Nacht hinaus.

Um Durchblutung zu erregen
in den Beinen – und weil nah;
schlich ich jüngst auf Weinbergwegen
nächtens, als es mir geschah...

Eine Maus vom Stamm der Fleder
ließ herab – mit voller Lust –
so aus ca. drei, vier Meter
einen Klacks auf meine Brust...

Exkrement vom Tier bringt Segen,
soll von künft`gem Glück berichten;
ich, für meinen Teil hingegen,
kann auf solches Glück verzichten.

Schlafen – einst ein Hochgenuss,
schnurren sanft in Morpheus` Armen;
ist ein Wälzen mit Verdruss
nun im Bettchen, diesem warmen.

Kommt das Sandmännlein dann her
und ich schlafe endlich ein;
wünsch ich mir von ihm gar sehr
dass es Winter bald möcht sein...

Sternlein

Sternlein, die am Himmel stehen,
leuchten uns in ihrer Pracht;
dass die Wege, die wir gehen,
sicher sind, wohl auch zur Nacht.

Gottes Lieb` in unsren Herzen
leuchtet hell, zu jeder Zeit;
und sie lindert alle Schmerzen,
die das Leben hält bereit.

Wenn wir uns nicht selbst belügen,
nicht missbrauchen diese Macht,
kann uns niemand Schaden fügen;
Gott, der Herr, gibt auf uns acht.

Kreis der Jahreszeiten

Schneebedeckt sind Baum und Ast,
steif und starr die Zweige;
auf dass uns unser lieber Gast
all sein Können zeige.
Kinderaugen leuchten hell,
flehentlich sie bitten,
dass man ihnen hole schnell
Eislaufschuh und Schlitten.

Mantel, Schal, die Mütze auf,
und die Schuh, die warmen;
Handschuh, um in flottem Lauf
den Winter zu umarmen.
Wintertag, trotz deiner Kürze,
machst du uns die Herzen weit;
deine Luft ist voller Würze,
sei willkommen, kalte Zeit.

Doch schon bald, ihr werdet sehen,
ist des Winters Zeit vorbei;
kehrt zurück in luft`ge Höhen,
gibt uns Feld und Wiesen frei.
Bächlein sieht man wieder fließen,
sanftes Grün erwacht;
Knospen aus den Zweigen sprießen,
kürzer wird die Nacht.

Frühling kommt und geht so schnell,
eh man sich `s versieht,
ist die Sommerzeit zur Stell,
heiß die Sonne glüht.
Tage sind nun lichterfüllt,

alles eilt hinaus;
Lust auf Freiheit wird gestillt,
keiner bleibt im Haus.

Wenn der Wein beginnt zu reifen,
Krähen singen ihr „Krakra";
hört man `s von den Dächern pfeifen,
dass der Herbst nun da.
Blätter gleiten sanft zur Erde,
Raureif färbt sie weiß;
dass das Jahr vollkommen werde,
schließt sich nun der Kreis.

Der feine Schmaus

Das Herz ist voll, der Bauch ansehnlich leicht gerundet,
das Herz vor Freud, der Bauch, weil wohlgemundet
eine köstlich feine Speise,
die mich düngt, dass ich lobpreise,
was vor Kurzem ich genossen:
Ganslsupp' mit Kohlessprossen.
Darin ein Knöderl, zart und fein,
und als Begleitung ein Glas Wein.

Dann kam ein Schmaus, ich kann euch sagen,
ich hab' der Worte nicht genug;
der Weg vom Mund bis hin zum Magen,
es war wie ein Triumpheszug.
Schon ward erweckt in mir die Lust,
genussvoll mich zu delektieren,
und Stück und Stück zum Mund zu führen
Gansels Keule samt der Brust.

Das Fleisch löst' sich vom Knochen los,
das Kraut von Zimmet zart begleitet;
dazu ein edel, g'schmackig Soß,
und Knödel, flaumig zubereitet.
Der Magen ruft: Ich kann nicht mehr,
die Gier, sie schreit: Ich will noch mehr;
und eh der Magen sich `s verschaut,
ist alles weg…
vom Gansl, Knödel, bis zum Kraut.

Das alles ruht im Magen schwer,
drum heißt es, dringend drauf zu schauen,
dem Magen helfen zu verdauen;
ein Espresso muss jetzt her!

Da naht er schon, ganz heiß gebrüht,
auf dass er redlich sich bemüht;
denn wenn die Speise recht verdaut,
der Magen wieder freundlich schaut.

Das war ein Tag, ihr lieben Leute,
an dem sich Herz und Magen freute,
doch hat er mich recht mitgenommen,
drum wird nun bald mein Bett erklommen.

Ich wünsch euch eine gute Nacht,
dass morgen fröhlich ihr erwacht,
und dass ein Traum vielleicht euch schafft:
Gansl, Knödel, Kraut und Saft.

Corona 2020

Das Virus hält uns fest umschlungen,
wir sind zum „Hausarrest" gezwungen,
da heißt es, der Vernunft sich fügen,
und nicht zu folgen dummen Lügen.

Ich bitt` euch, lasst in diesen Tagen
uns außerhaus die Masken tragen,
damit wir uns und andren nützen,
indem wir uns und andre schützen.

Genießt ganz einfach das Zuhause,
macht Stress befreit mal eine Pause,
und lest ein Buch, vielleicht auch mehr,
sehr gern von mir; das freut` mich sehr.

Und bitte denkt an den Humor!
Viel wichtiger als je zuvor,
nimmt er Corona sehr viel Macht:
„Humor ist, wenn man trotzdem lacht!"

Der alte Nikolo

Der Nikolo, mit Mantel, Mütze,
sitzt mopsfidel auf seinem Bock,
fährt rasend schnell durch jede Pfütze,
schon voller Flecken ist sein Rock.
Er schwingt die Peitsche, treibt sodann
das Elchgespann zur Eile an.

Da fliegt ein Engel um die Ecke,
ganz aufgeregt und er ruft laut:
Ein Glück, dass ich dich hier entdecke,
bevor du großen Mist gebaut.
Mach sofort kehrt und fahre, ho, ho, ho,
direkt zum Personalbüro.

Und so fährt ohne nachzudenken,
der schon ergraute Nikolo,
mit seinem Schlitten voll Geschenken
schnurstracks zum Personalbüro.
Er bindet seine Elche an
und macht sich auf den Weg sodann.

Er klopft brav an und hört: HEREIN,
dann machte er auf und er tritt ein.
Der Mann, der hinterm Schreibtisch sitzt,
er schaut ihn an und lacht verschmitzt.
Dann sagt er höflich: „Alter Mann,
sag bitte mir den Tag heut an!“

Der Nikolo denkt nach und spricht:
„Der Sechste ist `s; weißt du das nicht?
Da muss ich an die Kinder denken,
und deshalb geh ich jetzt hinaus
und fahre flugs mit den Geschenken
mit dem Gespann von Haus zu Haus.“

Der Mann vom Personalbüro
schaut mitleidsvoll zum Nikolo.
„Die Arbeit war stets gut getan,
doch deine Zeit ist nun vorbei.
So leg nun ab dein Dienstgewand,
genieß fortan den Ruhestand,
denn du musst wissen, alter Mann,
heute ist der sechste Mai…“

Der Mai ist gekommen

Der Mai ist gekommen,
wie schön alles blüht;
wir lassen uns sonnen,
das stärkt das Gemüt.

Und will auch Corona
das Leben verdrießen,
so liegt`s doch an uns,
die Natur zu genießen.

Drum umarmet mit Wonne,
den herrlichen Mai,
und glaubet daran,
dass bestimmt irgendwann
Corona besiegt ist
und wir wieder frei.

2021

Sommers Freud – Sommers Leid

Der Sommer ist die Jahreszeit,
wo es oft heiß und selten schneit.
Das ist halt so und auch o.k.,
es braucht kein Mensch im Sommer Schnee.

Wenn dann das Thermometer steigt
und Grade über dreißig zeigt,
im schlimmsten Fall kein Lüftlein weht,
manchen auch die Lust vergeht.

Es freut die Jugend, wenn es heiß,
es rinnt in großen Mengen Schweiß;
indes die Älteren hingegen
empfinden es nicht recht als Segen.

Die Alten angsterfüllt sich kauern
zuhause hinter dicken Mauern,
und warten bis der Abend winkt
und das Thermometer sinkt.

Die Jungen reichen voller Wonne
ihren Körper hin zurr Sonne,
manche ihn mit Öl einschmieren,
um ihn schnell zu kolorieren.

Doch ganz egal, wie man 's betrachtet,
ob man ihr weicht, ob man drin schmachtet,
des Sommers Hitze recht genossen
ist nur o.k. in kleinen Dosen.

Der Weihnachtsbaum

Da steht er nun, der Weihnachtsbaum,
er ist entsetzt und glaubt es kaum,
denn statt der Vielfalt weißer Flocken,
nun Regentropfen träge hocken
auf jedem Zweig, auf jedem Ast,
und sind willkommen nicht als Gast.

Er schüttelt sich, denkt Kinder, Kinder,
was ist denn das nur für ein Winter,
die Temp'raturen, mäßig kalt,
ein laues Lüftlein zieht durch Wald,
durch Wiesen, Felder und durch Flur,
von Eis und Schnee ist keine Spur.

Es bläst der Wind mir ins Gesicht,
ich hab es satt; ich mag das nicht.
Drum Petrus hör mir zu, ich bitt:
„Send Jahreszeiten mir – en suite!"
Frühling, Sommer, Herbst und Winter,
das wär für Mensch und Tier gesünder.

Es soll so sein, wie `s früher war,
das wäre wirklich wunderbar.
Und wenn ich jetzt aufs Datum seh,
dann hüpft mein Herze in die Höh,
denn heute kommt das Christuskind,
und was das heißt, weiß jedes Kind.

Wenn man im vergang`nen Jahr
stets bemüht und artig war,
dann wird in dieser heil`gen Nacht
ein Wunsch zur Wirklichkeit gemacht.

Drum, liebes Christkind, schick mir Schnee,
aufdass im weißen Kleid ich steh,
und im Scheine meiner Kerzen
tief hineindring in die Herzen
derer, die noch offen sind
für das lieb' Geburtstagskind.

Die Zähne

Die Menschen der Abruzzen
sich täglich Zähne putzen,
das ist auch sehr gesund,
macht einen schönen Mund.
Woanders ist auf dieser Welt
es mit den Zähnen schlecht bestellt.

Die Menschen der Azoren,
ich gerne es erwähne,
die haben schon verloren
den Großteil ihrer Zähne.

Noch schlimmer ist `s jedoch bestellt
bei Dänin und bei Däne,
denn jene kommen auf die Welt
ganz nackt und ohne Zähne.

Wenn ich `s jedoch genau bedenk,
ist das von großem Nutzen,
denn es ist wahrlich ein Geschenk,
die Zähne nicht zu putzen.

Das Essen macht vielleicht Probleme,
denn schwierig wird das Beißen
von zähen oder harten Speisen,
so gänzlich ohne Zähne.

Wie man `s auch dreh'n und wenden mag,
die Zähne sind ein Segen;
man putze zweimal sie am Tag,
ob Sonnenschein, ob Regen.

Die Leichtigkeit des Seins

Im Leben geht es rauf und runter,
und manchmal scheinbar gar nicht mehr;
und die so oft erhofften Wunder,
sie kommen selten nur daher.

So sehr wir uns auch dreh'n und wenden,
wir machen es uns selbst meist schwer;
wenn wir die rechte Mitte fänden,
so manches sicher leichter wär.

Der Mensch bedenke schon beizeiten,
was gut ist und zu Herzen geht;
er ändre seine Wertigkeiten,
denn dafür ist es nie zu spät!

Der Hass, der ständig uns umweht,
in keines Menschen Herz gehört;
er frisst, zersetzet unentwegt
die Seele uns, bis sie zerstört.

Nehmt lieber Achtung und Vertrauen,
dazu ein Quäntchen Fröhlichkeit;
gelegentlich auf andre schauen,
auch dafür nehmt euch manchmal Zeit.

Zum Schluss sei keinesfalls vergessen
das Wichtigste, noch schnell hinein:
die Liebe - viel und reich bemessen,
so sollt die rechte Mischung sein!

Herbstliche Gedanken

Ich merke schon seit ein paar Wochen,
die warmen Tage sind dahin;
die klaren Worte meiner Knochen,
sie machen, dass ich traurig bin.

Der Herbst färbt nach wie vor die Blätter,
morbide Schönheit stellt sich ein;
doch früher war der Herbst viel netter,
mehr Wärme, auch mehr Sonnenschein.

Die kühle Nässe, Nieselregen,
der Nebel, der herab sich senkt;
sie sind für mich kein wahrer Segen,
ich mag sie nicht einmal geschenkt.

Natürlich ist mir sonnenklar,
wie wichtig Herbst und Winter sind;
dass Wetter einst beständig war,
erinner' ich nur noch als Kind.

Der Frühling und die Sommerzeit,
sind mir die liebsten Brüderlein;
sie machen mir das Herz ganz weit,
ach könnt es ewig doch so sein.

In jungen Jahren war `s egal,
ob `s draußen warm war oder kalt;
da war der Winter keine Qual,
doch jetzt…
ich werd halt langsam alt…

Mein Neckarelz

Ein Dorf, nicht groß, man kennt es kaum,
ist Neckarelz, ein Kindheitstraum,
an den ich oft und gerne denke,
wenn ich so mein Gedanken lenke
zurück in die Vergangenheit;
dann macht sich leise Wehmut breit.

Ich sehe all die kleinen Gassen,
hör lautes Toben, Kindgeschrei;
es fällt mir schwer, will `s gar nicht fassen,
das alles, es ist längst vorbei.

Schneeballschlachten, Schlittenfahren,
die heißen Sommer, Badefreuden
und all die vielen Abenteuer,
wie abendliches Glockenläuten.

Wenn aber vielen weicht das Lachen,
weil Regengüsse unentwegt
den Bach zum Ungeheuer machen,
das keinen Widerspruch verträgt,
steh'n sie zusammen, Männer, Frauen
und trotzen diesem argen Grauen.

Es gibt auch Tage, die bestimmen,
es herrsche rechte Fröhlichkeit;
dann widmet man sich fein gekleidet
aus voller Lust der Kerwezeit.

Lose, Lose, kaufet Lose!
Greift hinein ganz unverzagt;
Gewinne gibt es, kleine, große,
nur der gewinnt, der auch was wagt.

Kinderaugen strahlen hell,
Zuckerwatte, Lutschbonbon,
viele Runden Karussell,
plötzlich tönt das Megaphon
und verkündet, hört gut hin:
„Wieder mal ein Hauptgewinn!“

Ein junger Bursch, voll Tatendrang,
presst die Waffe an die Wange,
und er zielt und schießt so lange,
bis die Blum` in seiner Hand,
die er unbeirrt und unverdrossen
aus der Bude hat geschossen,
er der Liebsten überreicht,
diese dankt, errötet leicht.

Wohl verwahrt in meinem Innern
ruht all das, was mir geschah;
vieles kann ich noch erinnern,
manches ist schon nicht mehr da.
Wenn von diesen Kostbarkeiten
mir was einfällt, dann und wann;
schwelge ich in alten Zeiten
und erfreue mich daran.

Muttertag

Ich wünschte mir an manchen Tagen,
ich hätt der Frau, die mich geboren,
viel mehr geschenkt an Lieb und Zeit,
dann müsste ich mich nicht mehr fragen,
warum zu sehr ich war verloren
in meiner eigenen Wichtigkeit.

Ich hab es nie genug ermessen,
was Gutes sie an mir vollbracht,
wenn sie an meinem Bett gesessen
so manche angsterfüllte Nacht,
und mich mit ihrer Lieb bedeckte,
weil Krankheit mich darnieder streckte.

Wenn Liebeskummer mich bedrängte,
wenn Traurigkeit mein Herz verengte,
und meine Seele schmerzerfüllt,
fing sie mich auf mit ihrer Liebe,
bis dass der ärgste Schmerz gestillt
und keine Narbe mir noch bliebe.

Käm eine gute Fee daher,
um nach drei Wünschen mich zu fragen,
dann wünschte ich nichts andres mehr,
als freudig meinen Wunsch zu sagen,
das Rad der Zeit zurück zu drehen,
die Mutter einmal noch zu sehen.

Ich weiß, bei aller Fantasie,
die gute Fee, sie kommt wohl nie.
So bleibt mir nur an allen Tagen,
der Frau, die mir so viel gegeben,
in meinem Herzen Dank zu sagen
für ihre Lieb und für mein Leben.

Schneeflöckchen, Weißröckchen
– Neue Version -

Schneeflöckchen, Weißröckchen,
jetzt kommst du geschneit,
wo bist du gewesen
zur Weihnachtszeit?

Frau Holle, du liebe,
deine Uhr geht verkehrt,
sonst hättest du den Schnee
uns viel früher beschert.

Weiße Weihnacht,
die hat uns schmerzlich gefehlt,
stattdessen haben Plusgrade
uns täglich gequält.

Wir hätten den Schnee
gern zur Weihnachtszeit,
und nicht erst zu Ostern,
dass gar heftig es schneit.

Frau Holle, ich glaub',
deine Zeit ist getan,
drum geh in Pension
und lass andere ran.

Frühlingssehnen

Winter ade, bitte schleich dich und geh!
Ich mag kein Eis, ich mag keinen Schnee,
die Kälte, sie tut mir gar fürchterlich weh;
drum Winter ade, schleich dich und geh!

Winter ade, bitte schleich dich und geh!
Ich wünsch mir so sehr, dass warm es soll sein,
das wünscht mein Gemüt sich und auch die Gebein;
drum Winter ade, schleich dich und geh!

Winter ade, bitte schleich dich und geh!
Die Heizkosten sind ganz einfach zu hoch,
sie reißen ins Börserl ein gewaltiges Loch;
drum Winter ade, schleich dich und geh!

Winter ade, bitte schleich dich und geh!
erst wenn am Kalender November ist,
du wieder von Herzen willkommen bist;
jetzt aber Winter ade, schleich dich und geh!!!

Apokalyptische Reiter

Wo Menschen sind, da gibt es Liebe,
wo Liebe ist, da wohnt auch Leid;
den Frieden gibt's nicht ohne Kriege,
der Mensch missachtet Raum und Zeit.
Die Wahrheit schmiegt sich an die Lüge,
der Lüge Freund ist selbst der Kuss;
der Tod legt Lorbeer in die Wiege,
und aller Anfang ist auch Schluss.

Die Niederlage führt zur Macht,
der Glaube ist in Narren Hand;
die Ohnmacht strahlt in ihrer Pracht,
der Todesengel heißt Verstand.
Wo Menschen sind, blüht neues Leben,
wo Leben ist, kommt schnell der Neid,
von ferne her tönt Unheilsbeben,
der Raum zerfällt, es stirbt die Zeit.

Da steigt aus rauchverwehter Gruft
der kleine Vogel „Hoffnungslos"…
angstvoll er nach der Mutter ruft,
er will zurück in ihren Schoß.
Der Ruf wird schwach, bleibt unerhört,
nichts gibt es mehr, das Tränen stillt;
all das, was war, ist nun zerstört…
…des Menschen Wille ist erfüllt.

Ballade vom lieben Mägdelein

Ich kenn ein liebes Mägdelein,
das in mir drinnen wohnt;
bei Tag ist sie der Sonnenschein,
bei Nacht ist sie der Mond.

Mein Herz will beinah übergeh'n,
und manchmal fass ich's kaum;
was ist denn nur mit mir gescheh'n,
ich lebe wie im Traum.

Doch meine Liebe will sie nicht,
will Gold und Edelstein,
so sehr mein Herz von Liebe spricht,
ihr Mund sagt einfach nein.

Nun weint mein Herz gar bitterlich
und schweigt fortan fein still;
das süße Wort „ich liebe dich"
es nie mehr sagen will.

Ich kannt' ein liebes Mägdelein,
das schönste, das es gab;
ließ mich mit meiner Lieb allein,
ward meines Herzens Grab.

Trilogie vom Sterben

Lass mich leben…

Was mein Leben mir beschieden,
ist die Angst vor meinem Tod
und der Wunsch nach inn'rem Frieden
und nach einem Morgenrot.

Man verlangt von mir zu geben,
was ich gern behalten möcht:
mein verpfuschtes, kurzes Leben…
„Lieber Gott, das ist nicht recht!"

Worin liegt denn mein Verschulden?
Bitte lass es mich erfahren,
wenn ich schon den Tod soll dulden
viel zu früh, so jung an Jahren.

Doch das wäre zu vermessen…
So hol mich, Tod, ich schlage ein;
habe ich auch nie ermessen,
was es heißt ein Mensch zu sein.

Lass mich sterben

Jeden Tag dieselben Schmerzen
und ich frag mich, muss das sein?
Ach, ich wünsche mir von Herzen,
dass der Tod sich bald stellt ein.

Warum soll ich weiterleben,
alles liegt so weit zurück;
Neues kann es nicht mehr geben,
sterben wär mein größtes Glück.

Lieber Gott, mach dem ein Ende,
schenke mir die letzte Ruh,
dass der Tod bald zu mir fände,
schließe mir die Augen zu.

Ein schöner Tod

Herr, ich sag dir's schon beizeiten,
bitte halt' dies evident,
dass ich keinesfalls möchte' leiden,
wenn mein Leben einst zu End.

Weißt du, was ich super fände,
o mein Gott, das wäre fein,
wenn du unbemerkt mein Ende
gäbest mir im Schlafe ein.

Keine Qualen und kein Schmerz,
auf beides ich sehr gern verzicht;
plötzlich stillsteh'n soll mein Herz,
hörst du Gott, mehr will ich nicht.

Geht mein Leben einst zu Ende,
falt' in Demut ich die Hände
und ich krieg vom lieben Gott:
„…einen schönen sanften Tod".

Erinnerung

Eine kleine weiße Blume,
das ist alles, was mir blieb;
und ein Buch mit leeren Blättern,
das ein träumend Herz mir schrieb.

Doch die Zeit heilt alle Wunden,
denn die Zeit, sie bleibt nicht stehn;
und die Träume sind entschwunden,
die nicht in Erfüllung gehn.

Jetzt geh ich mit bangem Herzen
durch das Leben wie ein Kind;
fürchte mich vor Liebesschmerzen,
die so hart und grausam sind.

Und dann fang ich an zu denken,
frag mich, was ich falsch gemacht;
wollte doch nur Liebe schenken,
hab an andres nicht gedacht.

Doch die Liebe muss man lernen,
auch mit Kopf, nicht nur mit Herz;
denn der Weg hin zu den Sternen
führt nicht immer himmelwärts.

Eine kleine weiße Blume,
das ist alles, was mir blieb;
und ein Buch mit leeren Blättern,
das ein träumend Herz einst schrieb.

Meine Blume wird verwelken,
ohne Klagen, sanft und still,
und das Buch, es bleibt verschlossen,
weil es niemand lesen will.

Freundschaft

Sitzen zwei in froher Runde,
die zuvor sich nicht gekannt,
und zu vorgerückter Stunde
taut man auf, gibt sich die Hand.

Froh gelaunt sieht man sie nippen
an dem Glase, voll mit Wein,
locker kommt es von den Lippen:
„Lass uns fortan Freunde sein!"

Bedeutungsvoll ist der Moment,
wo zwei Menschen fix beschlossen,
dass man künftig „Freund" sich nennt,
und sogleich wird das begossen…

Das ist schön, denkt man im Stillen,
solches nenn' ich wohl getan,
dass sich zwei aus freiem Willen
bieten ihre Freundschaft an.

Und nun wird aus Leibeskräften
dieses Bündnis eingeweicht
mit des Alkoholes Säften,
bis die Geister müd' und seicht.

Freundschaft, du warst schnell geschlossen,
einfach so, ganz ohne Zwang,
frischen Muts und unverdrossen,
für ein ganzes Leben lang?

Na, dann prost, wenn das schon alles,
trinket auf der Freundschaft Band,
und im Falle eines Falles…
hält sie ganz bestimmt auch stand!

…wer dies glaubt, der lebt im Wahne,
scheut der Wahrheit helles Licht,
hängt die eigne Lebensfahne
nach dem Wind und merkt es nicht.

Freundschaft für ein ganzes Leben
kommt vom Herz – nicht vom Verstand;
heißt nicht nehmen – sondern geben,
ist ein unzertrennlich Band.

Freundschaft hält an allen Tagen,
sie hält auch in schlechter Zeit;
ist Vertrauen – nie Verzagen
und zur Hilfe stets bereit.

Sie besteht auch unter Schmerzen,
trägt geduldig manches Leid,
sie verbindet Menschenherzen
weithin über Raum und Zeit.

Gibt es IHN?

Gibt es IHN, den Herrn und Meister,
wie es in der Bibel steht?
Allah, Gott und Buddha heißt er,
anderswo auch Mohammed.

Wer hat diese Welt geschaffen,
worin liegt des Lebens Sinn?
Stammen wir vielleicht vom Affen?
Ist ein Funke in uns drin,
den wir gerne göttlich nennen
und zu dem wir uns bekennen?

Gerne würden wir es wissen,
jene Ungewissheit missen,
die uns an der Seele nagt.
Könnt doch nur der EINE kommen,
der Agnostikern und Frommen
gleichsam eine Antwort sagt...

Ich für mich, ich würd `s nicht wollen,
denn der Glaube, den ich hab,
nehm ich mit bis in mein Grab.
IHM, der für mich Vater ist,
bin in Treue fest ich Christ,
ihm nur will ich Achtung zollen.

Und so falt ich meine Hände
weiterhin und glaub an IHN;
dass ich stets zu ihm hin fände,
das sei meines Lebens Sinn.

Ode an den „Inneren Schweinehund"

Es nützt nicht, wenn der Mensch ergründet,
warum der Hals ihm sich entzündet,
wieso das Fingerlein tut weh,
weshalb ihn schmerzt die große Zeh,
so lang er gründlich unentwegt
das tägliche „sich Ärgern" pflegt.

Die größte Hilfe – ohne Frage –
sei's in der Nacht, sei es am Tage,
das ist der inn're Schweinehund.
Treu dienend stets und in der Höhe
sorgt er sich zur gewünschten Stund'
um kleine Finger, Hals und Zehe.

Was tät' der Mensch wohl ohne ihn,
was ohne seinen Rat?
Denn eines ist doch sonnenklar
und selbst dem Dümmsten offenbar:
nur schöne Dinge stets im Sinn…
…wird auf die Dauer fad!

Doch bist statt krank du gern gesund,
willst, dass es gut dir geht,
dann gib wohl acht, sei stets bedacht,
beschaffe deinem Schweinehund,
so weit's in deinen Kräften steht,
nicht allzu viel an Macht.

Wahrheit

Wahrheit, oh wie gefällst du mir!
Schaust du mich an,
gerat ich in Verzücken,
und du bedeutest mir wohl
ein gerüttelt Maß an Glück.
Doch Wahrheit, wehe dir…,
kaum kehr ich voll Vertrauen
dir den Rücken,
verrätst du mich auch schon
im selben Augenblick.

Wahrheit, bist weder Mensch noch Tier,
du bist nicht Tag, genau besehen
auch nicht Nacht.
Ich meide dich aus Angst
und trotzdem zieht es mich zu dir,
du bist voll Schwäche
und dennoch hast du Macht.

Wahrheit, du bist der Schatten,
der sich im Wechselspiele
mit dem Licht vergnügt.
Du bist der höchste Berg,
gleichwohl das flache Land;
du bist wie harter Stahl,
der sich wie Wachs
in warmer Hand verbiegt.
Bist Symbiose zwischen reiner Lauterkeit
und höchstem Unverstand.

Wahrheit, du bist wie Glas
und dennoch
schwerlich zu durchschauen.
Jungfräulich bist du
und doch zur Sünde stets bereit.
Bleibst Rätsel allen Dummen,
allen Schlauen
und bist unsterblich…
kennst weder Raum noch Zeit.

Wahrheit, Allmächt'ge du,
ich will mit ganzer Kraft dir dienen,
bin dir in jeder Lage treuer Untertan
und geiz' auch nicht dem bösen Spiel
mit guten Mienen…
so geht's mir wohl und bleib' stets frei
von jeder Schuld…
klagt man mich irrtumsvoll
jemals der Lüge an.

Der Wein

Wenn ich so mein Gedanken lenke,
was wichtig mir, so fällt mir ein:
Wohl eins der wichtigsten Geschenke
Aus Gottes Hand, das ist der Wein.

Es wachsen an verschied`nen Orten,
speziell bei uns in der Wachau,
ganz unterschiedlich viele Sorten,
in grün, in gelb und auch in blau.

Das ganze Jahr fast sieht man stehen
im Weinberg Menschen, die bemüht,
dass Trauben einst aus dem entstehen,
was eben noch so schön geblüht.

Und das bei Regen, Schnee und Sonne.
Man schaut zum Himmel jeden Morgen,
hofft, das der Hagel ja nicht komme;
das ist die größte aller Sorgen.

Dann kommt der Herbst und man fährt ein
den Lohn der Arbeit eines Jahres:
Aus Trauben, fisch gepresst, wird Wein.
Ist das nicht etwas Wunderbares?

Ein langer Weg ist nun zu Ende:
Von der Rebe in die Presse,
von der Presse in das Fass,
wo er erst mal Ruhe fände,
bis er endlich kommt ins Glas.

Golf

Golf ist ein Sport für Jung und Alt,
für Dünn – gleichwohl für Dick;
entscheidend ist nicht die Gestalt,
es braucht vielmehr Geschick.

Man nimmt den kleinen, weißen Ball,
legt ihn auf ein Gestell;
und haut mit einem lauten Knall
fest drauf und auch sehr schnell.

Die richt'ge Richtung sollt es sein,
in die die Kugel fliegt;
dann stellt sich rechte Freude ein,
dass er am „Fairway" liegt.

Dann steht der Schlag aufs „Grün" bevor,
der muss zur Fahne gehn;
doch plötzlich ruft ein Marshal „Fore",
mein Gott, was ist geschehn?

Der letzte Schlag war nicht so toll,
hätt beinah wen erschlagen;
der Ball liegt nicht dort, wo er soll,
es platzt beinah der Kragen.

Doch dies darf keinesfalls geschehn,
die Etikette rät;
der Golfer muss stets drüber stehn,
man ärgert sich diskret.

So spielt man, bis der Ball im Loch,
erleidet Höllenqual;
und irgendwann, dann fällt er doch,
er hat ja keine Wahl.

Golfen ist zu jeder Stund
ein Kampf, der voller List
gegen einen Schweinehund,
der meistens stärker ist…

„Zugluft"

Ein Vöglein flog auf Schienenwegen,
von Herzen froh, gut aufgelegt;
da kam ein Zug ihm rasch entgegen
und hat es schwups hinweggefegt.

Es war des Vögleins letzter Flug,
weil es die „Zugluft" nicht vertrug…

Ein Mägdlein namens Isolde

Ein Mägdlein namens Isolde,
die wusste nie, was sie wollte.
Wenn wir am Samstag tanzen gingen,
verliebt fest aneinander hingen,
da drängt sie sich in mich hinein.

Beim nächsten Mal, da ließ sie `s sein…

Das nervte mich, das war nicht schön,
so konnt es nicht mehr weitergehn,
mal nah, mal fern, mal hin mal her,
ich sagt zu ihr: „Ich kann nicht mehr,
ich fühl nur noch Verdruss.

Drum mache ich jetzt Schluss!“

Jetzt bin ich wieder ganz allein
und such ein neues Mägdelein.
Was ich am liebsten wollte?
Kein Mägdlein wie Isolde!

„Brumm-Brumm-Brumm"

Ich bin die Hummel „Brumm-Brumm-Brumm"
und flieg den ganzen Tag herum,
hab keine Zeit zum Gammeln;
denn ich muss Nahrung sammeln.

Ich trag ein wärmendes Gewand
und halte auch der Kälte stand,
das macht mir keinerlei Verdruss.
Ich fliege schon ab 2 Grad plus.

Ich selbst bin nur ein Arbeitstier,
leb höchstens Wochen drei bis vier.
Hingegen ihrer Majestät,
Frau Königin, es besser geht.
Die Lebenszeit beträgt ein Jahr,
doch eines ist recht sonderbar:

Zwei Drittel liegt im Bett sie brav
und pfleget ihren Schönheitsschlaf,
wobei auf Nahrung sie verzicht.
Mir selbst gefiele solches nicht.
Ich fliege lieber froh herum,
sing dabei gern mein „Brumm, Brumm, Brumm,
und schöpfe aus dem Vollen,
schlürf Nektar und auch Pollen.